¿Quién fue
Alexander
Graham Bell?

D0840794

¿Quién fue Alexander Graham Bell?

Bonnie Bader

Ilustraciones de David Groff

loqueleo

SANTILLANA USA

A Lauren y Allie, esperando que, al igual que Bell,
lleguen muy lejos siguiendo el camino de su propia curiosidad
y de sus aspiraciones.

B.B.

loqueleo

Título original: *Who Was Alexander Graham Bell?*
© Del texto: 2013, Bonnie Bader
© De las ilustraciones: 2013, David Groff
© De la ilustración de portada: 2013, Nancy Harrison
Todos los derechos reservados.

Publicado en español con la autorización de Grosset & Dunlap,
una división de Penguin Group

© De esta edición:
2015, Santillana USA Publishing Company, Inc.
2023 NW 84th Avenue
Miami, FL 33122, USA
www.santillanausa.com

Dirección editorial: Isabel C. Mendoza
Cuidado de la edición: Ana I. Antón
Coordinación de montaje: Claudia Baca
Servicios editoriales de traducción por Cambridge BrickHouse, Inc.
www.cambridgebh.com

Loqueleo es un sello de **Santillana**. Estas son sus sedes:
ARGENTINA, BOLIVIA, BRASIL, CHILE, COLOMBIA, COSTA RICA, ECUADOR, EL SALVADOR,
ESPAÑA, ESTADOS UNIDOS, GUATEMALA, MÉXICO, PANAMÁ, PARAGUAY, PERÚ, PORTUGAL,
PUERTO RICO, REPÚBLICA DOMINICANA, URUGUAY y VENEZUELA

¿Quién fue Alexander Graham Bell?
ISBN: 978-1-631-13419-7

Published in the United States of America
Printed by Thomson-Shore, Inc.

20 19 18 17 16   2 3 4 5 6 7 8 9 10

Índice

¿Quién fue Alexander Graham Bell?

Un día de 1858, dos niños llamados Aleck y Ben
estaban jugando en un molino harinero, propiedad

del padre de Ben. Brincaban sobre los sacos de harina y corrían entre las máquinas moledoras de trigo. Se estaban divirtiendo mucho, pero no dejaban hacer su tarea a los trabajadores del molino. Finalmente, el papá de Ben los llamó a su oficina y les dijo que encontraran algo útil que hacer. ¿Qué podría ser exactamente? Aleck quería saber. El papá de Ben tomó un puñado de granos. Cada uno estaba cubierto con una cáscara gruesa. Sería muy útil si pudieran encontrar una forma fácil de sacarles las cáscaras a los granos.

Los muchachos aceptaron el reto. Primero, rasparon las cáscaras con un cepillo de uñas. Funcionó, pero les tomó mucho tiempo. Necesitaban una forma más rápida. Aleck, que era bueno resolviendo

problemas, lo pensó un poco más. Recordó haber visto en el molino un barril con aspas. Los chicos fueron y vieron el barril funcionando. Finalmente, a Aleck se le ocurrió una idea. ¿Qué tal si se atan a las aspas del barril unos cepillos fuertes, como grandes cepillos de uñas? Cuando las aspas den vueltas, los cepillos rasparán las cáscaras del trigo, ¡muy rápido!

Aleck le explicó su idea al papá de Ben. Al dueño del molino le gustó mucho su idea y decidió probarla. ¡La idea de Aleck funcionó! Tal vez no resulte tan sorprendente que aquel niño de 11 años se convirtiera, al crecer, en el famoso inventor del teléfono.

Capítulo 1
Nace un inventor

El 3 de marzo de 1847, en Edimburgo, Escocia, nació un niño en la familia Bell. Lo llamaron Alexander, como su abuelo y su padre.

El abuelo Bell vivía en Londres y era maestro. Ayudaba a los niños con problemas del habla, como el tartamudeo. El abuelo Bell había estudiado cómo se forman las palabras. Aprendió lo importante que eran los pulmones y las cuerdas vocales para hablar. También estudió cómo los labios y la cara se mueven cuando hablamos.

El papá de Alexander, a quien llamaban Melville, también enseñaba a hablar. Desde que nació el niño Alexander, todos esperaban que seguiría los pasos de los otros dos Alexanders.

Pero lo que más le interesaba al pequeño Alexander, como lo llamaba su familia, era explorar. A este niño de rostro pálido, ojos pardos, cabello oscuro y abundante, le encantaba merodear y pasear por el campo de Escocia con sus hermanos, Melly y Ted. Aleck recogía todo tipo de plantas, piedras y esqueletos de animales.

Un día de verano en 1850, la familia Bell fue de excursión al campo. El pequeño Aleck salió a explorar por los alrededores. Un cercano campo de trigo llamó su atención. Caminó entre los trigos altos y se sentó. Allí, con sus ojos

cerrados, se preguntaba si podría oír al trigo crecer.
Puso mucha atención, pero no escuchó nada.

Después de un rato, Aleck decidió regresar al
almuerzo campestre, pero no encontró la salida del
campo de trigo. Las ramas eran muy altas. ¡Aleck
se había perdido! Gritó pidiendo ayuda, pero nadie
podía oírlo. El pequeño Aleck se sentó en el suelo
y lloró hasta que se quedó dormido. Un rato más

tarde, se despertó y oyó que su papá lo estaba llamando. ¡Aleck estaba a salvo! ¡Algunas veces, la curiosidad puede traerle problemas a un niño!

A pesar de que Aleck era muy inteligente, no era un buen estudiante. El griego, el latín, las matemáticas y las ciencias, todo eso lo aburría mucho. Las plantas y los animales eran mucho más interesantes. También amaba la música y aprendió, de su mamá Eliza, a ser un excelente pianista.

Era increíble que la Sra. Bell pudiera tocar el piano tan bien. ¿Por qué? Porque era casi sorda. Necesitaba usar un audífono de tubo, que la ayudaba a oír mejor. Al tocar el piano, se colocaba un extremo en su oído y el otro extremo lo pegaba al piano. De esa manera, podía sentir o escuchar el sonido maravilloso de la música.

Aleck era muy unido a su mamá. Mientras la mayoría de las personas le gritaban en el audífono, a él le gustaba ponerle su boca en la frente y hablarle suavemente.

¡Esto funcionaba de lo mejor! Eliza Bell podía escuchar lo que su hijo le decía. ¿Cómo era posible? Eliza sentía las vibraciones de las palabras de Aleck en su frente. Una vibración es un movimiento o temblor constante. Hablándole a su mamá de esta manera, Aleck empezó a entender cómo los sonidos viajan en el aire y son escuchados.

Eliza Bell animaba a Aleck a que fuera curioso y creativo. Su padre no siempre lo aprobaba. Quería que su hijo fuera un buen estudiante como sus hermanos. Melville Bell solía interrumpir las clases de piano de Aleck para llevárselo al salón donde hablaba de ciencias con sus amigos. Para Aleck todo aquello era aburrido, aburrido, muy aburrido.

Desde muy joven, Aleck quería ser él mismo. De hecho, era tan independiente que escogió su propio segundo nombre. Fue justo antes de cumplir los once años. Un amigo de la familia llamado Alexander Graham vino de visita. Al niño Aleck le gustó cómo sonaba el nombre de este señor. Y a partir de ese día, Aleck decidió que se llamaría Alexander Graham Bell.

Capítulo 2
Un giro en su vida

En 1862, Aleck finalizó la enseñanza media superior. Pero su padre seguía preocupado por la falta de atención de su hijo. Entonces Melville tomó la decisión de mandar a Aleck a vivir con el abuelo Bell, en Londres. Aleck no quería dejar a su mamá, ni a sus hermanos. De todas maneras, montaron a Aleck en el tren. En ese momento Aleck no lo sabía, pero se estaba embarcando en un viaje que cambiaría su vida.

ESCOCIA

Edimburgo

Mar del Norte

INGLATERRA

Londres

Londres era un sitio muy agitado. En esa época, era la ciudad más grande del mundo. Había palacios, grandes catedrales, muchos teatros y las Cámaras del Parlamento, donde se reunían las personas del gobierno. Aleck no estaba acostumbrado a ver tantas personas en un mismo lugar. Edimburgo era más pequeño y el aire era más limpio. En cambio, en Londres el aire estaba contaminado. Las dos ciudades eran muy diferentes.

Aleck se dio cuenta de que vivir con su abuelo Bell también era diferente. ¡Había tantas reglas! Una de ellas era que tenía que vestirse como un caballero. Cada vez que Aleck salía a la calle, debía ponerse un traje oscuro, una camisa almidonada y una corbata. Pero eso no era todo. Tenía que usar un sombrero alto y guantes, ¡y llevar un bastón!

Otra regla era que tenía que estudiar, ¡seis días a la semana! Muchas materias, como Latín e Historia, lo aburrían un poco. Pero era muy emocionante sentarse y ver a su abuelo impartir las lecciones de dicción a los estudiantes.

El abuelo Bell dejaba que Aleck paseara solo por Londres. A menudo, Aleck iba a la biblioteca y leía muchos libros sobre el sonido. Tiempo después, Aleck escribió: "Este período de mi vida parece haber sido el punto decisivo que cambió toda mi carrera". De hecho, así fue. Pasó de ser un niño sin

SIR CHARLES
WHEATSTONE

preocupaciones a un joven más serio, con ganas de aprender.

Cuando ya había pasado un año, Melville llegó a Londres. Antes de llevar a su hijo de vuelta a casa, visitaron a un famoso inventor llamado Sir Charles Wheatstone. Sir Charles les mostró a los Bell uno de sus inventos. Era una caja de madera que tenía como una especie de bolsa de acordeón a un lado. Del otro lado tenía unas palancas y un tubo de cuero. El tubo terminaba en una lengüeta. (La lengüeta se utiliza en instrumentos musicales como el saxofón.) Sir Charles apretaba las bolsas, empujando el aire. Al mismo tiempo, oprimía el tubo de cuero y las palancas. ¡El movimiento del aire hacía que la lengüeta vibrara y salieran palabras! Las palabras eran muy difíciles de entender, pero de todas maneras, ¡la máquina hablaba!

De regreso en Edimburgo, Melville desafió a Aleck y a Melly para que crearan una caja como la de Charles Wheatstone. Pero la de ellos tenía que ser mejor.

Los hermanos empezaron a trabajar. Melly hizo los "pulmones" y la "garganta". Aleck hizo la "lengua" y la "boca". Era muy importante hacer con cuidado la forma de la boca y de los labios. Si no, las palabras no iban a sonar con claridad.

Después de colocar todas las piezas de la máquina hablante, la pusieron en la parte baja de la escalera

de su casa. Melly sopló a través de la garganta, que él había hecho de hojalata. Aleck trabajó las partes de la boca. Finalmente se oyeron unos sonidos. "Mamá, mamá", dijo una pequeña vocecita. La voz sonaba tan natural, que los vecinos de los Bell, que vivían en el piso de arriba, pensaron que era un bebé que estaba llorando.

Melly y Aleck habían superado el reto de su padre. De hecho, la máquina hablante impulsó a Aleck por la senda que lo llevó a la invención del teléfono.

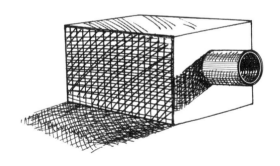

Capítulo 3
Sonido para un oído

A los dieciséis años, Aleck se sentía muy viejo para seguir viviendo con sus padres. Pensó en hacer las maletas, huir de casa y convertirse en marinero. En ese momento, un anuncio en el periódico captó su atención. La Academia de Weston House en Elgin, Escocia, necesitaba un maestro. Realmente, la escuela necesitaba *dos* maestros: un maestro de música y un maestro del habla. Sin decirle nada a su padre, Aleck y Melly decidieron solicitar los puestos en la escuela. Pero cometieron un gran error. ¡Colocaron a su padre como referencia en sus solicitudes! (Una referencia es una persona que dice qué tan bueno puedes ser para ese trabajo.)

A Melville le llegó una carta de la Academia de Weston House pidiendo referencias. Al principio, Melville estaba furioso. ¡Cómo se les ocurrió a sus

hijos actuar a sus espaldas! Pero al mismo tiempo, Melville se dio cuenta de que enviarlos allá no era una mala idea. Así que, Melly se fue para la Universidad de Edimburgo por un año. Y a Aleck lo enviaron para la Academia de Weston House a estudiar y a enseñar.

Alexander Graham Bell pasó el año escolar de 1863 en Weston. Aunque menor que muchos de sus estudiantes, Aleck demostró ser un excelente

ACADEMIA DE WESTON HOUSE

maestro. Y cuando regresó a su casa ese verano, descubrió que su padre había inventado un nuevo y maravilloso sistema para ayudar a los sordos a hablar. Lo llamaba Habla visible.

Melville y sus hijos recorrieron toda Escocia para mostrar cómo funcionaba el Habla visible. Durante las demostraciones, Melville le pedía a uno de sus hijos que saliera de la habitación donde se encontraban. Luego, una persona del público diría algo:

un sonido, una palabra, o cualquier palabra en otro idioma. Melville lo escribiría en un pizarrón, utilizando los símbolos del Habla visible. Entonces el muchacho volvería a la habitación, leería los símbolos, y diría el sonido o la palabra. ¡Aleck y Melly

acertaban siempre! Una vez, Aleck leyó los símbolos y se oyó a sí mismo haciendo un extraño ruido. La multitud empezó a aplaudir eufóricamente. Sin darse cuenta, Aleck había leído correctamente. Había repetido el sonido de una sierra de cortar madera.

Este viaje hizo que Aleck se interesara mucho por la forma de hablar. Por ejemplo, los sonidos de las vocales. Algunos sonidos de las vocales tienen un tono más alto que otros. El *tono* es un término musical que dice cuán alto o bajo es un sonido. Un tono más alto tiene mayor número de vibraciones. Aleck se paraba delante de un espejo y pronunciaba el sonido de las vocales. Se dio cuenta de que la forma de su boca y garganta creaban los diferentes tonos de los sonidos de estas vocales. Por ejemplo, cuando él decía una *i*, tenía un tono más alto que cuando decía una *o*. Y su boca y garganta también se movían de forma diferente.

EL HABLA VISIBLE

ALEXANDER MELVILLE BELL DESARROLLÓ EL SISTEMA DEL HABLA VISIBLE EN 1864. ERA UN MÉTODO PARA QUE LAS PERSONAS SORDAS PUDIERAN LEER LOS SONIDOS Y REPRODUCIRLOS. EL SISTEMA DEL HABLA VISIBLE SEPARABA LAS PALABRAS EN SONIDOS SIMPLES, Y UTILIZABA UN SÍMBOLO PARA CADA SONIDO. LOS SÍMBOLOS MOSTRABAN CÓMO COLOCAR LA LENGUA, LOS LABIOS, LA GARGANTA Y LA BOCA PARA HACER EL SONIDO. AL LEER CADA SÍMBOLO, UNA PERSONA SORDA PODÍA REPETIR EL SONIDO Y DECIR LAS PALABRAS. MELVILLE QUERÍA QUE EL HABLA VISIBLE FUERA LA ÚNICA MANERA EN QUE LAS PERSONAS SORDAS APRENDIERAN A COMUNICARSE.

SIN EMBARGO, TIEMPO DESPUÉS, EL LENGUAJE DE SEÑAS SE CONVIRTIÓ EN LA MANERA PREFERIDA POR LOS ESTUDIANTES SORDOS PARA COMUNICARSE.

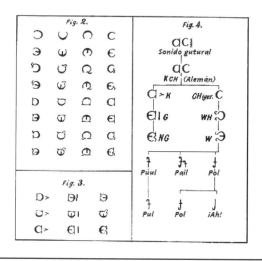

Aleck empezó a pensar en los sonidos de las palabras y los tonos musicales. ¿Serían lo mismo de alguna manera? Aleck comenzó a experimentar con diapasones. Un diapasón es un instrumento de metal con dos horquillas en forma de U. Cuando se golpea, produce un tono específico. Es por eso que los diapasones se usan para afinar los instrumentos musicales. El sonido que hace el diapasón lanza ondas de sonido al aire. Cada vez que lo golpeaba para hacerlo vibrar, Aleck repetía el mismo tono del diapasón. Acercaba el diapasón a su boca y sin emitir ningún sonido, hacía los gestos de los sonidos de las vocales. Cuando uno de los sonidos de las vocales hacía que el diapasón vibrara más rápido, sabía que había encontrado el tono de la vocal. Estaba en lo cierto, ¡el habla y los tonos musicales eran iguales!

Resultó que un científico en Alemania había notado lo mismo, y Aleck leyó sobre sus experimentos. El problema era que la información estaba en alemán. Aleck sabía algo de alemán, pero no mucho. Pensó que el científico había mandado el sonido de las vocales eléctricamente usando los cables del telégrafo.

El científico alemán no había hecho eso. Pero la idea de mandar el sonido de la voz a través de los cables de un telégrafo hizo que la mente de Aleck volara. ¡Piénsalo! ¡Un telégrafo parlante! Cambiaría la manera en que las personas se comunican. ¿Sería realmente posible inventar una máquina así?

EL TELÉGRAFO

LA PALABRA TELÉGRAFO SIGNIFICA "ESCRIBIR A DISTANCIA". CUANDO ALGUIEN ENVÍA UN TELEGRAMA, EL MENSAJE LLEGA RÁPIDAMENTE A OTRA PERSONA QUE SE ENCUENTRA LEJOS. SAMUEL MORSE INVENTÓ EL TELÉGRAFO EN 1835. PARA ENVIAR UN MENSAJE, UN OPERADOR OPRIME UNA PALANCA DE METAL EN UNA MÁQUINA DE TELÉGRAFO PARA ENVIAR, O REALIZAR, UNA SERIE DE IMPULSOS ELÉCTRICOS. ESTOS IMPULSOS INMEDIATAMENTE VIAJAN A TRAVÉS DE LOS CABLES ELÉCTRICOS HACIA OTRA MÁQUINA DE TELÉGRAFO. CADA VEZ QUE EL OPERADOR LIBERA LA TECLA DE METAL, EL IMPULSO ELÉCTRICO SE PARA. LOS PUNTOS Y RAYAS, CONOCIDOS COMO CÓDIGO MORSE, SON ESTABLECIDOS DE ACUERDO A LA CANTIDAD DE TIEMPO QUE DURABA LA CONEXIÓN. LUEGO, ESTOS PUNTOS Y RAYAS SON TRADUCIDOS A MENSAJES.

Capítulo 4
Finales y comienzos

El 23 de abril de 1865, el abuelo Bell murió. Fue un momento muy triste y también decisivo para la familia Bell. Melville decidió mudar a su familia a Londres, donde planeaba hacerse cargo del negocio de su padre. Pero la tragedia volvió a golpear a la familia. Ted Bell, de dieciocho años, se enfermó. Y en mayo de 1867, murió de una enfermedad del pulmón llamada tuberculosis. Tres años después, el hermano mayor y mejor amigo de Aleck, Melly, murió de la misma enfermedad.

TED BELL

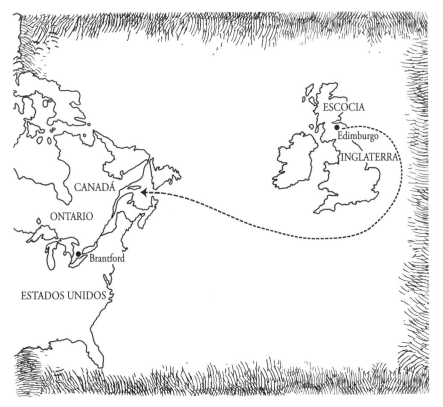

Los Bell estaban con el corazón destrozado. Eliza y Melville estaban asustados. ¿Qué pasaría si el hijo que les quedaba se enfermaba también? Aleck no se veía bien últimamente. Se quejaba de dolores de cabeza. Eliza decidió que necesitaban un cambio, un gran cambio.

Eliza, Melville y Aleck cruzaron el Atlántico hasta Canadá. Vivieron en una gran casa de campo en Brantford, Ontario. El aire era fresco. Era un país hermoso. Aleck descansó y se recuperó. Por supuesto no solo descansó, sino que pasó el tiempo experimentando con el sonido. Pronto sintió que ya era hora de continuar con su vida. Así que en abril de 1871 Aleck se mudó para Boston, Massachusetts. Allí consiguió empleo en la reconocida Escuela para sordos de Boston.

Aleck era muy buen maestro. Paciente también.
Utilizando el sistema del Habla visible de su padre,
muchos de sus estudiantes que no habían pronun-
ciado ningún sonido anteriormente, ¡comenzaron a
hablar! Los padres estaban sorprendidos. Se corrió
la voz. Más y más padres enviaban a sus hijos a esa
escuela.

Aleck también dio clases privadas. Uno de
sus estudiantes tenía solo cinco años de edad.
Su nombre era George Sanders. Era el hijo de un

empresario rico llamado Thomas Sanders. George había nacido sordo. Nunca había dicho una palabra. No podía comunicarse.

Aleck le enseñó a leer y a deletrear usando un guante especial con el alfabeto impreso. Inmediatamente George podía deletrear los nombres de sus

juguetes. Y en poco tiempo, podía pedir cualquier cosa que quisiera, solo deletreando las palabras. El padre de George estaba muy agradecido.

Aleck siempre estaba buscando la manera de ayudar a las personas a hablar y comunicarse. Para 1872, la compañía de telégrafos Western Union podía mandar dos mensajes desde un mismo telégrafo al mismo tiempo. ¿Dos mensajes? ¡Aleck estaba sorprendido! Hasta ese momento solo se había podido mandar un mensaje a la vez. Aleck empezó a pensar… si era posible mandar dos mensajes a la vez, ¿por qué no se podían enviar muchos mensajes al mismo tiempo? Tal vez había una manera de enviar la vibración de un diapasón, a través de un cable telegráfico, hacia otro diapasón en el otro extremo, para que vibraran exactamente al mismo tiempo. Y si se usaran varios pares de diapasones, tal vez podría incluso enviar muchos sonidos a la misma vez. Aleck llamó a esta idea un telégrafo armónico o múltiple. ¡Ahora solo tenía que encontrar la manera de crearlo!

Aleck tuvo suerte. Le ofrecieron un trabajo en la Universidad de Boston. Era un honor para un hombre que no tenía ningún tipo de título universitario. Tenía un buen sueldo; también continuó trabajando dando clases privadas, como lo hacía con George. Además, tenía un lugar nuevo para vivir, con dos habitaciones en una casa grande que perteneció a la abuela de George. Aleck utilizaba una de las habitaciones para sus experimentos. Alexander Graham Bell solo contaba con veintiséis años de edad y ¡su futuro era brillante!

Capítulo 5
Una nueva dirección

Alexander Graham Bell era un hombre muy ocupado. Durante el verano de 1874, se fue a descansar a Brantford. En realidad, ¡no descansó mucho! Aleck quería jugar con una máquina llamada fonoautógrafo. Cuando se producía un

sonido, un bolígrafo dibujaba patrones ondulados sobre una placa de vidrio. Esto mostraba las ondas que el sonido hacía.

Aleck empezó a pensar más. Si las ondas sonoras hacían que un bolígrafo se moviera, entonces podría ser que estas movieran otras cosas también, como un dispositivo que pudiera producir corriente eléctrica. A lo mejor las palabras habladas podrían ser enviadas a través de los cables del telégrafo. Entonces, alguien que se encontrara lejos, ¡podría oír las palabras! ¡Ajá! Aunque Aleck no lo sabía en ese momento, estaba teniendo una lluvia de ideas. Esta gran idea lo llevaría muy cerca de crear el primer teléfono.

¿Pensaba Aleck *solo* en invenciones? No. También estaba muy interesado en una joven de Boston de dieciséis años llamada Mabel Hubbard. Era sorda desde su niñez, y era una de las estudiantes de Aleck. Mabel podía leer los labios, pero su habla no era muy clara. Los padres de Mabel, Gertrude y Gardiner Greene Hubbard, esperaban que Aleck pudiera ayudarla.

Aunque Mabel pensaba que Aleck era un buen maestro, a ella no le gustó cuando se conocieron. Su rostro era muy pálido, tenía una nariz muy grande, un bigote negro espeso y barba. Pensaba que él no sabía vestirse. (También pensaba que Aleck era mucho más viejo de lo que era en realidad.) Y tampoco pensaba que era un caballero. Sin embargo, al padre de Mabel, Gardiner Green Hubbard, le gustaba Aleck. Y lo más importante, esperaba que Aleck pudiera inventar un nuevo tipo de telégrafo.

Gardiner Hubbard no estaba contento con la compañía de telégrafos Western Union. Era la única compañía que enviaba telegramas. Nadie más podía competir contra ella. Eso significaba que Western Union podía cobrar mucho dinero a los clientes por enviar un telegrama. Sin embargo, si alguien inventaba otro tipo de telégrafo, entonces los clientes tendrían la opción de escoger la compañía que ellos quisieran. Los precios de los telegramas también bajarían. A lo mejor ese alguien podría ser Alexander Graham Bell. Mr. Hubbard le ofreció dinero a Aleck para que continuara con su trabajo. Muchos otros hombres, como el inventor Elisha Gray, estaban tratando de inventar su propio tipo de telégrafo múltiple. El Sr. Hubbard quería que Aleck fuera el primero en hacerlo.

ELISHA GRAY

ELISHA GRAY NACIÓ EN UNA GRANJA EN BARNESVILLE, OHIO, EL 2 DE AGOSTO DE 1835. A LO LARGO DE LOS AÑOS REALIZÓ DIFERENTES TIPOS DE TRABAJO, ENTRE ELLOS EL DE HERRERÍA, CONSTRUCCIÓN DE BARCOS Y CARPINTERÍA. PERO LO QUE MÁS LE INTERESABA ERA EXPERIMENTAR CON LA ELECTRICIDAD. COMO BELL, GRAY PENSABA QUE ERA POSIBLE TRANSMITIR MÚLTIPLES MENSAJES A TRAVÉS DEL CABLE TELEGRÁFICO. GRAY SE CONVIRTIÓ EN UN GRAN RIVAL PARA BELL. AMBOS HOMBRES CORRÍAN PARA CONVERTIRSE EN EL PRIMERO EN INVENTAR EL TELÉGRAFO ARMÓNICO Y EL TELÉFONO.

Capítulo 6
Se escucha un sonido

Alexander Graham Bell se debe haber sentido feliz. El padre de George Sanders, Thomas, también había accedido a darle dinero a Bell para que trabajara en el nuevo telégrafo. Los tres hombres firmaron un contrato. Se formó una sociedad entre ellos. Pero Aleck no estaba satisfecho. Encontrar cómo enviar muchos mensajes telegráficos a la vez realmente no motivaba su curiosidad. Lo que él quería hacer era enviar su propia voz a través de un cable. Pero ¿cómo? Necesitaba ayuda. Y sabía exactamente dónde la iba a conseguir.

Un día, en 1874, Aleck irrumpió en la Empresa de suministros eléctricos Charles William en Boston, donde muchas veces iba a comprar provisiones para los proyectos en los que trabajaba. Pero ese día, Aleck no estaba interesado en comprar absolutamente nada. Quería hablar con alguien en la tienda. Allí se encontró con Thomas Watson de veinte años de edad, quien estaba ocupado en su trabajo. Thomas era astuto e inteligente. Era un artesano experto que podía tomar una idea para una invención y desarrollarla.

De inmediato, Aleck empezó a preguntarle sobre diferentes equipos. Aleck supo rápidamente

que Thomas era el hombre indicado para ayudarlo en su nueva máquina de telégrafos, y tal vez encontrar la manera de crear un teléfono. Ese mismo día, Thomas Watson se convirtió en el asistente más importante de Alexander Graham Bell.

Ninguno de los dos hombres renunció a sus trabajos. Aleck continuó enseñando y Thomas siguió en la tienda de suministros. Luego, por la noche, trabajaban juntos en el ático de la tienda. Aleck les debía al Sr. Hubbard y al Sr. Sanders mantenerse trabajando en el telégrafo armónico. Así que él y Thomas lucharon con ese problema, mientras que Aleck también compartía con Thomas su sueño de inventar un teléfono.

Thomas estaba emocionado. Pero desafortunadamente, los señores Hubbard y Sanders no lo estaban. ¿Quién querría escuchar la voz de alguien en

THOMAS WATSON

THOMAS WATSON NACIÓ EN SALEM, MASSACHUSETTS, EN 1854. SU PADRE ERA PROPIETARIO DE UN ESTABLO QUE ALQUILABA CABALLOS Y CARRUAJES. THOMAS NO ESTABA INTERESADO EN SEGUIR LOS PASOS DE SU PADRE. ABURRIDO DE LA ESCUELA, THOMAS OBTUVO SU PRIMER TRABAJO COMO BIBLIOTECARIO A LA EDAD DE DIECISÉIS AÑOS. PERO ESO TAMBIÉN LO ABURRÍA. ASÍ QUE EMPEZÓ A TRABAJAR COMO CARPINTERO. LA CARPINTERÍA TAMPOCO ERA TAN EMOCIONANTE. CUANDO CONSIGUIÓ TRABAJO EN LA TIENDA DE MÁQUINAS DE CHARLES WILLIAMS, SABÍA QUE HABÍA ENCONTRADO SU PASIÓN. ALLÍ FUE DONDE CONOCIÓ A ALEXANDER GRAHAM BELL. EL INVENTO DEL TELÉFONO HIZO DE WATSON UN HOMBRE MUY RICO. MÁS TARDE COMENZÓ EL MAYOR NEGOCIO DE CONSTRUCCIÓN NAVAL EN ESTADOS UNIDOS, Y LUEGO CAMBIÓ A LA ACTUACIÓN Y A LA DRAMATURGIA. THOMAS MURIÓ EN 1934.

el otro lado? ¿Quién iba a comprar un dispositivo de ese tipo? No, un nuevo tipo de telégrafo era el camino a seguir. Le dijeron a Aleck que trabajara en eso, y solo en eso. Si él rehusaba escucharlos, entonces no le darían más dinero.

Aleck no quería pelear con el Sr. Hubbard ni con el Sr. Sanders. Especialmente con el Sr. Hubbard. ¿Sería porque le tenía miedo al hombre? No. Aleck ahora estaba profundamente enamorado de Mabel Hubbard. Aleck tenía veintiocho años de edad. Mabel tenía solo diecisiete. Sus padres le dijeron a Aleck que tenía que esperar un año más para poder salir con ella.

Ya era junio de 1875. Aleck estaba frustrado. Thomas y él habían estado utilizando diapasones para mandar el sonido a través de cables eléctricos. Pero eso era un error. Thomas sugirió utilizar lengüetas para mandar mensajes. Cuando las lengüetas vibraban, hacían sonidos.

Ambos hombres se fueron a diferentes habitaciones para tratar de enviarse mensajes. Thomas se fue a una habitación con el "transmisor". El transmisor mandaría mensajes. Aleck se fue a la otra habitación con el "receptor". El receptor escucharía los sonidos. Un cable largo los conectaría. Thomas trató de hacer vibrar las lengüetas para producir sonido. Pero una de ellas estaba atascada. Entonces, la haló hasta que se destrabó.

Un ping resonó en el receptor que Aleck sostenía. "¿Watson, qué hiciste?", gritó Aleck emocionado. Había escuchado el sonido que viajó por todo el pasillo. El movimiento de la lengüeta había creado una corriente que le permitió al sonido viajar por

el cable hacia la habitación de Aleck. ¡Fue un momento júbilo! Aleck  tenía razón después de todo, el sonido *podía* viajar a través de los cables. Y si el "ping" pudo viajar, entonces la voz humana también podía hacerlo. Mucho después, Thomas escribió: "El teléfono parlante nació en ese momento".

Capítulo 7
Carrera hacia la meta

Naturalmente, Aleck estaba muy emocionado por su descubrimiento. Comenzó a hacer bosquejos de cómo luciría el teléfono. Pero también se sintió culpable porque le había tomado mucho tiempo trabajar en el teléfono. Por eso, Aleck le escribió una carta al Sr. Hubbard para explicarle en qué

Estimado Sr. Hubbard:
Accidentalmente he hecho
un descubrimiento
de gran importancia.

A. Graham Bell

había estado ocupando su tiempo. "Estimado Sr. Hubbard: Accidentalmente he hecho un descubrimiento de gran importancia", comenzaba la carta.

El Sr. Hubbard, sin embargo, todavía no estaba impresionado. Incluso había advertido a Aleck que si no desistía de su idea del teléfono, ¡se podía olvidar de ser el novio de Mabel!

Aleck le escribió otra carta a Hubbard. En ella, decía: "Si ella [Mabel] no llega a amarme lo suficiente como para aceptarme con cualquier profesión o negocio que yo tenga, entonces no la quiero en absoluto".

Afortunadamente, Aleck no tenía que preocuparse por los sentimientos de Mabel por él. En ella había crecido un amor muy profundo por Aleck. Cuando cumplió dieciocho años —el 25 de noviembre de

1875—, aceptó casarse con él. Mabel, sin embargo, tenía una petición. Quería que Aleck le quitara la "k" a su apodo, porque pensaba que *Alec* sonaba más estadounidense. A Alexander Graham Bell le pareció que estaba bien y, a partir de entonces, fue conocido como Alec. Se casaron el 11 de julio de 1877.

Mabel siempre le estaba diciendo a Alec que no trabajara tanto. Pero Alec no podía cambiar. Ahora siempre tenía el teléfono metido en la cabeza. Poco a poco, Alec y Thomas fueron avanzando en un modelo. Así era como funcionaba: Alec hablaba en una especie de boquilla con una cubierta ajustada (parecía la parte de arriba de un tambor). Las ondas sonoras de su voz hacían vibrar la cubierta. Esas vibraciones ponían en movimiento una corriente eléctrica que reproducía y transportaba los sonidos de la voz. El problema era que los sonidos eran muy fuertes como para entenderlos. Alec sabía que estaba cerca, pero que todavía no había llegado.

Para ese entonces, el Sr. Hubbard y el Sr. Sanders se dieron cuenta de que Alec ya andaba en algo. Instaron a Alec a que obtuviera una patente para su modelo antes de que alguien más lo hiciera. Una patente del gobierno de Estados Unidos es una prueba de que a un inventor particular se le ocurrió una idea para un invento antes que a nadie y que esa idea le pertenece. Alec prefirió esperar a que su teléfono funcionara mucho mejor. Pero sus socios estaban muy nerviosos.

El 14 de febrero de 1876, sin decir nada a Alec, el Sr. Hubbard y el Sr. Sanders iniciaron los trámites con el gobierno. La patente para el teléfono era de

ellos. Y fue un gran golpe de suerte que se hubieran apresurado a solicitarla. Justo dos horas después, Elisha Gray intentó obtener la misma patente. Gray pensaba que su modelo para el teléfono era mejor, incluso más avanzado, que el de Bell. Pero ya eso no importaba. Elisha Gray había llegado tarde. Perdió la carrera por inventar el teléfono. ¡Alexander Graham Bell había ganado!

Capítulo 8
Aquellas famosas palabras

El 7 de marzo de 1876, se otorgó a Bell la patente estadounidense N.º 174,465 por su teléfono. ¡Ahora lo único que tenían que hacer él y Thomas era crear uno que realmente funcionara!

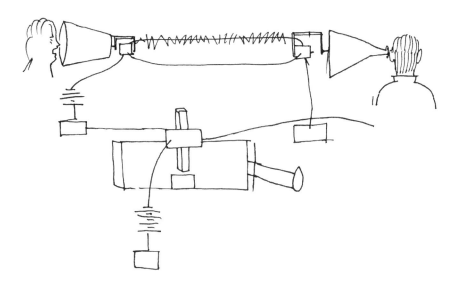

Y tan solo tres días después, lo hicieron. Como de costumbre, Bell y Thomas estaban trabajando en su laboratorio. Según Thomas, Alec estaba en una habitación sosteniendo un micrófono. Thomas estaba en otra habitación con un receptor apoyado en la oreja. De repente, a través del receptor, Thomas oyó a Alec decir: "¡Watson, ven aquí! ¡Quiero verte!". Sonaba como si Alec estuviera en problemas. Alarmado, Thomas corrió adonde se encontraba Alec. Pero Alec no estaba herido. De hecho,

se veía increíblemente feliz. ¿Por qué? Alec se dio
cuenta de que Thomas había oído y entendido sus
palabras a través del cable telefónico.

Más tarde, Alec le escribió a su padre diciéndole:
"Este ha sido un gran
día para mí. Siento
que he dado

con la solución a un gran problema. Y llegará el día en que se instalen en las casas cables [de teléfono], tal como se hace con el agua o el gas, y los amigos conversen entre sí sin dejar su hogar".

El año 1876 no solo fue un gran año para Alexander Graham Bell, también fue un año importante para Estados Unidos. El país estaba cumpliendo cien años.

Para celebrarlo, hubo una feria gigantesca en Filadelfia, que fue llamada la Exposición del Centenario.

Casi diez millones de personas fueron a ver las exposiciones de arte, comida, nuevos aparatos y más. El Sr. Hubbard quería que Alec fuera a presumir de su teléfono en la feria. Quizá ganaría un premio. Pero Alec no quería ir. Estaba muy ocupado trabajando en Boston. Tenía que dar clases y no quería dejar a Mabel. Además, Elisha Gray, quien para entonces tenía una patente para el telégrafo múltiple, estaría haciendo alarde de su invento en la pomposa exhibición de la Western Union. Bell estaba seguro de que las personas estarían más interesadas en ver el invento de Gray funcionando.

Al final, Mabel convenció a Alec de ir a la feria. Instaló su teléfono en un pequeño rincón del amplio salón de convenciones. Hacía calor en el salón y se sentía la falta de aire. Alec se estaba impacientando. No mucha gente se había acercado a ver su invento. Los jueces tampoco se habían detenido

en su cabina todavía. Entonces uno de los jueces, Don Pedro II, emperador de Brasil, vio a Alec. Lo había visitado una vez en la Escuela para sordos de Boston y se acordaba de él. Quizá Alec tenía algo interesante que mostrar.

El emperador atravesó el salón hacia el puesto de exhibición de Alec y los otros jueces lo siguieron. Uno de ellos levantó el receptor del teléfono de Alec y se lo puso en la oreja. Alec fue hasta el otro lado del salón y habló en el micrófono. El juez estaba asombrado: ¡oía a Alec claramente!

Ahora era el turno del emperador. Emocionado, levantó el receptor. Un momento después, saltó de la silla y exclamó: "¡Lo escuché! ¡Lo escuché!".

Alec recibió la Medalla de oro por Equipo Eléctrico. Y lo más importante, se empezó a correr la voz sobre el teléfono. Alec sabía que todavía había mucho por hacer. El teléfono solo se había probado en distancias cortas, y eso no bastaba. Así que hizo lo que siempre hacía: ¡volver al trabajo!

Capítulo 9
¡Victoria!

Alec y Thomas comenzaron a dar charlas y a hacer demostraciones del nuevo e increíble artefacto. Con el tiempo, Alec le hizo mejoras a su invento.

Primero, Thomas y él tenían que estar en el mismo salón para mostrar el teléfono en acción. Pronto, sin embargo, uno de los dos podía estar a dos millas de distancia, luego a ocho, luego a veinte y luego a treinta y dos. ¡Y estas se consideraban llamadas de larga distancia!

Los periódicos publicaban artículos sobre el teléfono. Ciertamente, las personas tenían curiosidad. Pero

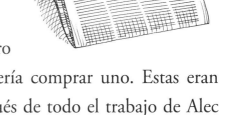

no mucha gente quería comprar uno. Estas eran malas noticias, después de todo el trabajo de Alec y todo el dinero del Sr. Hubbard y el Sr. Sanders.

El Sr. Hubbard tuvo una idea: ¿por qué no venderle a la compañía Western Union los derechos sobre el teléfono? El Sr. Hubbard fue a ver al director de la Western Union y le pidió $100 000. Entonces la Western Union podría vender el teléfono de Alec. ¡Pero la respuesta fue que no! La Western Union dijo que ya tenía a otros inventores trabajando en teléfonos nuevos y mejores. Inventores como Thomas Edison y Elisha Gray.

Elisha Gray. Ese hombre realmente inquietaba a Bell. Había historias que sostenían que Gray realmente había inventado el teléfono. Alec estaba dolido. Le escribió una carta a Gray, quien le pidió disculpas y declaró públicamente que el crédito por inventar el teléfono no le pertenecía.

El teléfono le pertenecía a Alec. Y afortunadamente, las cosas comenzaron a mejorar. Empezaron a llegar pedidos de teléfonos. La gente entendió cómo este artefacto cambiaría sus vidas. El 9 de julio de 1877, Alexander Graham Bell, Thomas Watson, Gardiner Greene Hubbard y George Sanders formaron la compañía de teléfonos Bell. La nueva compañía fabricaría teléfonos y ganaría mucho dinero, ¡de eso estaban seguros sus hombres!

THOMAS EDISON

THOMAS ALVA EDISON NACIÓ EL 11 DE FEBRERO DE 1847. DE NIÑO, NO TUVO BUEN RENDIMIENTO EN LA ESCUELA, PERO CRECIÓ Y LLEGÓ A SER UNO DE LOS INVENTORES MÁS FAMOSOS —E IMPORTANTES— DE TODOS LOS TIEMPOS. ENTRE LAS COSAS QUE INVENTÓ SE ENCUENTRAN EL FONÓGRAFO Y LA BOMBILLA DE LARGA DURACIÓN. TAMBIÉN MEJORÓ EL TELÉGRAFO, PERMITIENDO ASÍ ENVIAR HASTA CUATRO MENSAJES A LA VEZ. PERO NUNCA PUDO CREAR UN MEJOR TELÉFONO QUE EL QUE INVENTÓ ALEXANDER GRAHAM BELL.

Después de su boda en el verano de 1877, Mabel y Alec viajaron a Inglaterra de luna de miel. Se suponía que serían unas vacaciones románticas pero Alec, como siempre, vio que había trabajo que hacer. Quería que la gente en Inglaterra comprara y usara su teléfono también.

En Londres, la reina Victoria lo invitó a que le mostrara su teléfono. Alec le entregó a la reina el receptor. Al instante, ella oyó a la gente hablando

desde tres ciudades diferentes en Inglaterra. Ella pensó que el teléfono de Bell era "extraordinario". Alec estaba tan feliz que extendió el brazo para tocarle la mano a la Reina. Unas voces de asombro se oyeron de la multitud. Se consideraba grosero tocar a la Reina. Pero Alec había pasado la mayoría de su vida trabajando con los sordos. Para él, tocar a las personas era una manera natural de comunicarse. A la Reina no pareció importarle. Hizo un pedido de un teléfono. Y así hicieron muchas otras personas. Pronto, había teléfonos de Alec instalados en hogares por toda Inglaterra.

Desafortunadamente, de vuelta a Estados Unidos, había problemas gestándose. La Western Union había creado su propia compañía de teléfonos, a la que llamó American Speaking. Alec sabía que eso nunca debió haber ocurrido. La patente del teléfono le pertenecía.

Y para complicar las cosas aún más, su propia compañía estaba teniendo problemas instalando los cables necesarios para los teléfonos. La Western

Union podía usar los cables de telégrafo para sus teléfonos. La compañía de teléfonos Bell tenía que arrancar de cero. La respuesta al problema eran los postes de teléfono. Sin embargo, tomaba tiempo y dinero levantar los postes y hacer el tendido de los cables. La compañía de teléfonos Bell estaba perdiendo dinero rápidamente.

Lo que la compañía necesitaba eran más inversionistas. Nuevos inversionistas pondrían dinero a disposición para mantener la compañía funcionando. Más adelante, cuando comenzara a hacer dinero (ganancias), los inversionistas harían dinero también. Por suerte, varios hombres de negocios de Boston, incluyendo

WILLIAM H. FORBES

William H. Forbes, vinieron al rescate.

Ahora la compañía de teléfonos Bell tenía el dinero para competir con la compañía de teléfonos American Speaking. Las dos compañías se peleaban por los clientes a medida que más y más estadounidenses querían teléfonos. Se crearon nuevos proyectos. Se contrató gente para que cortara la madera para los postes telefónicos. Los trabajadores debían tender las líneas sobre los postes. También

OPERADORES DE TELÉFONO

CUANDO SALIÓ EL TELÉFONO POR PRIMERA VEZ, LAS PERSONAS NO PODÍAN MARCAR LOS NÚMEROS ELLAS MISMAS. PRIMERO, DEBÍAN HABLAR CON UN OPERADOR DE TELÉFONOS, QUIEN HACÍA LA LLAMADA CONECTANDO CABLES EN UNA CENTRAL TELEFÓNICA. LOS PRIMEROS OPERADORES DE TELÉFONOS ERAN MUCHACHOS JÓVENES. ¿POR QUÉ? PORQUE MUCHOS DE ELLOS HABÍAN TRABAJADO EN LAS OFICINAS DE TELÉGRAFO Y SABÍAN CÓMO ENVIAR MENSAJES. PERO SER OPERADOR DE TELÉFONOS EXIGÍA

PACIENCIA Y BUENOS MODALES Y ESTAS ERAN HABILIDADES QUE MUCHOS DE LOS JÓVENES NO TENÍAN. ENTONCES, SE CONTRATARON MUJERES; MUJERES QUE TENÍAN VOCES AGRADABLES. EMMA MCNUTT FUE LA PRIMERA OPERADORA MUJER. PRONTO, LA CARRERA DE OPERADORA DE TELÉFONOS SE CONVIRTIÓ EN EL SEGUNDO PUESTO DE TRABAJO MÁS POPULAR PARA LA MUJER EN ESTADOS UNIDOS. (EL DE MAESTRA DE ESCUELA ERA EL MÁS POPULAR.)

se contrataron operadores de teléfonos para que las personas pudieran hacer sus llamadas.

En cuanto a la Western Union, el ingeniero jefe, Elisha Gray, una vez más volvió a acusar a Alec de haberle robado la idea del teléfono. El Sr. Hubbard decidió que la única manera de impedir que la Western Union vendiera teléfonos era yendo a la corte. Alec y Mabel todavía estaban en Inglaterra y eran felices allí. Mabel dio a luz a una niña el

8 de mayo de 1878, a la que llamaron Elsie May. Pero la Western Union era un problema demasiado grande para que Alec se mantuviera al margen. Era indispensable que Alec regresara a Estados Unidos a defender su teléfono.

El caso en la corte se prolongó por un año. Allí, Alec y sus socios presentaron su caso. Alec tenía pruebas de que había inventado el teléfono primero. Si bien la Western Union era una compañía grande y poderosa, al pasar el tiempo se dieron cuenta de que no iban a ganar. El 10 de noviembre de 1879, el caso fue resuelto: la compañía de teléfonos Bell —y solamente la compañía de teléfonos Bell— tenía derecho a producir y a vender teléfonos.

Capítulo 10
Un inventor hasta el final

¿Fue esa la última pelea en la corte por el teléfono? Pues, no. Muchos otros trataron de reclamar que habían inventado el teléfono. Con el paso de los años, Bell y sus socios tuvieron que defenderse en más de seiscientos casos en la corte. Pero siempre ganaron.

La compañía de teléfonos Bell convirtió a Alec en un hombre rico. Sin embargo, ya se estaba cansando del negocio de los teléfonos. Increíblemente, llegó a pensar que el teléfono era una molestia. ¡Se negó a tener uno en su propio estudio! Peor aún, la salud de Alec se estaba viendo afectada. Había aumentado de peso y tenía dificultad para dormir. Le estaban saliendo canas y apenas tenía treinta y dos años. Los problemas con los negocios lo estaban envejeciendo. Alexander Graham Bell sabía

lo que tenía que hacer. Él no era un hombre de negocios, ¡era un inventor! Así que en 1880, Alec solicitó dejar la compañía. Era tiempo de cambiar y seguir adelante.

Y eso fue lo que hizo. Para ese entonces, los Bell estaban viviendo en Washington, DC. En su laboratorio, desarrolló una máquina para hacer pruebas de audición a las personas. Se llamaba audiómetro.

Era una máquina que enviaba una serie de tonos diferentes —desde más altos a más bajos— a un dispositivo que se colocaba contra la oreja de la persona. Las unidades de volumen del sonido se llamaron beles. Alec nunca desistió de su misión de ayudar a los sordos y a las personas con problemas de audición.

EL DECIBEL O BEL

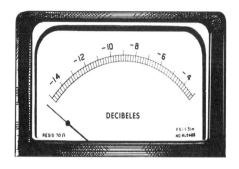

EL VOLUMEN DEL SONIDO SE MIDE EN DECIBELES. EL SÍMBOLO ES DB. MIENTRAS MÁS FUERTE ES EL SONIDO, MÁS DECIBELES TIENE. EN LA ESCALA DE DECIBELES, EL SONIDO MÁS BAJO, EQUIVALENTE CASI AL SILENCIO, TIENE 0 DB. UN SONIDO QUE SEA 10 VECES MÁS FUERTE, TENDRÁ 10 DB. UN SONIDO QUE SEA 100 VECES MÁS POTENTE QUE EL SILENCIO TIENE 100 DB. POR EJEMPLO, UN SUSPIRO TIENE 30 DB. UNA CONVERSACIÓN NORMAL TIENE 60 DB Y EL RUGIR DEL MOTOR DE UN AVIÓN REACTOR TIENE 140 DB.

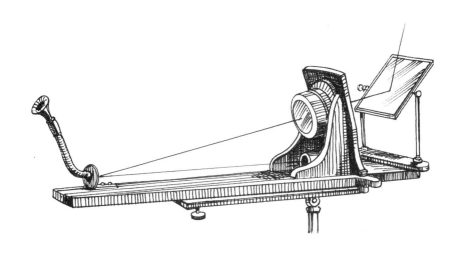

No todos los inventos de Alec fueron tan populares. Tomemos, por ejemplo, el fotófono. La idea detrás de este era enviar sonido en un rayo de luz. Estaba tan orgulloso de su fotófono que quería llamar a su segunda hija ¡Fotofania!

Mabel no quería nada de eso. Llamaron a la niña, que nació el 15 de febrero de 1880, Marian.

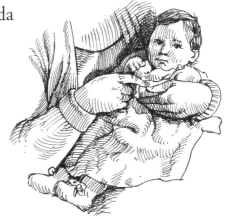

Junto con otro compañero,

Alec creó una máquina que emitía un sonido fuerte cuando entraba en contacto con un metal, incluso si el metal se encontraba enterrado o inmerso en otra sustancia.

El 2 de julio de 1881, un hombre joven con problemas mentales le disparó al presidente James Garfield en una estación de tren. Garfield, quien solo había ocupado la presidencia unos meses, no murió inmediatamente del disparo, sino que la bala se alojó en algún lugar en lo profundo de su cuerpo.

PRESIDENTE
JAMES GARFIELD

Los doctores pensaban que encontrar la bala y retirarla era la única manera de salvar a Garfield. En esa época no había máquinas de rayos X. Entonces, ¿cómo podían encontrar la bala los doctores?

Alec esperaba que quizás su detector de metal mostraría a los doctores dónde se hallaba la bala.

Él visitó al presidente Garfield, quien estaba en cama y con mucho dolor. Alec le pasó el detector sobre el cuerpo. El aparato reaccionó produciendo sonido, pero era demasiado el ruido como para determinar la ubicación exacta de la bala. El experimento había fracasado. El presidente Garfield resistió un par de meses más y luego murió el 19 de septiembre de 1881.

Bell estaba consternado. ¿Qué había salido mal? Había probado la máquina muchas veces y esta había logrado ubicar una bala alojada en un pedazo de carne.

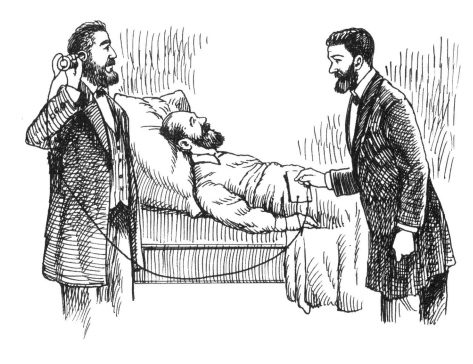

Resultó que el problema no era la máquina de Bell, sino la cama del presidente. Recién habían inventado los colchones con muelles de metal. Y el presidente estaba acostado en uno de los primeros que se hicieron. La máquina de Bell detectó todos los muelles de metal junto con la bala. Quizás si el presidente Garfield hubiera estado acostado en una cama de plumas, el invento de Bell le habría salvado la vida.

Hubo otra vida que tampoco pudo salvar: la de su propio hijo. Mientras Alec intentaba salvar al presidente, Mabel daba a luz a Edward, su primer

hijo varón. Era el 15 de agosto de 1881. Pero el bebé había venido al mundo demasiado pronto. No podía respirar y no vivió más que unas pocas horas.

Los Bell quedaron con el corazón destrozado. Para Alec, esta gran tragedia personal lo impulsó a inventar una máquina para respirar con la que esperaba poder salvar a otros. Diseñó un chaleco de metal que debía ajustarse a alguien que tuviera problemas para respirar. Una bomba apretaba el

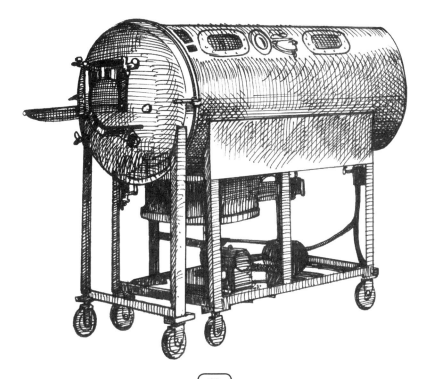

chaleco y luego se detenía. Apretaba nuevamente, luego se detenía. De esta manera, se forzaba el aire a entrar y salir de los pulmones de la persona. El chaleco de metal de Bell ayudó a otros inventores a desarrollar el pulmón artifical en 1928, una máquina que salvó muchas, muchas vidas.

Alec no podía dejar de trabajar. El trabajo era su vida, pero se estaba cansando. Ya no era un hombre joven. No tenía la misma energía. La familia Bell necesitaba unas vacaciones. Baddeck, en Nueva Escocia, parecía el lugar perfecto para ir. Los Bell construyeron una casa grande, llamada Beinn Bhreagh, que significaba "bella montaña" en gaélico. Pasaban los inviernos en Washington, DC, pero cuando el clima se tornaba demasiado cálido, la familia se retiraba a los frescos aires de Nueva Escocia.

Beinn Bhreagh no solamente ofrecía un clima frío y bellos paisajes. También ofrecía abundante espacio para que el siempre curioso Alec realizara experimentos. Desde que era niño, le había interesado volar. ¿Acaso podía inventar algo que

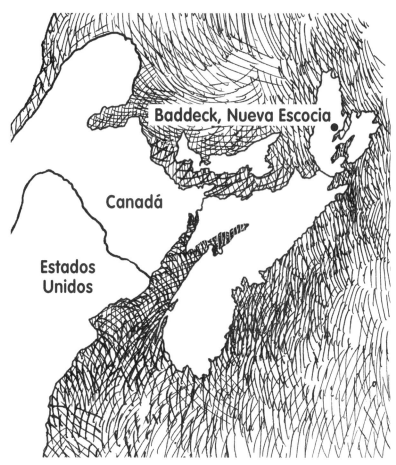

le permitiera a la gente volar como los pájaros? Alec comenzó a experimentar con cometas. "Las cometas permitirían aterrizajes suaves", razonaba. Después de quince años, finalmente dejó que alguien volara en una de sus cometas. Sin embargo, no se trataba en realidad de un vuelo, la cometa

simplemente planeaba con las corrientes de aire. Fueron los hermanos Wright, Orville y Wilbur, quienes inventaron el primer aeroplano en 1903. Aún así, Alec se divirtió creando cometas de diferentes formas, ¡perros, elefantes y más!

EL TETRAEDRO

ALEC PROBÓ DIFERENTES FIGURAS MIENTRAS
TRABAJABA CON SUS COMETAS. UNA FIGURA,
EL TETRAEDRO, PRODUCÍA LAS COMETAS MÁS
RÁPIDAS Y MÁS LIGERAS. LA FIGURA TENÍA
CUATRO TRIÁNGULOS DEL MISMO TAMAÑO
(TRIÁNGULOS EQUILÁTEROS) UNIDOS COMO
UNA PIRÁMIDE. BELL TAMBIÉN SE DIO CUENTA
DE QUE ESTE DISEÑO PODÍA USARSE EN
CONSTRUCCIONES. NO SOLO ERA LIGERO,
SINO QUE PODRÍA AGUANTAR MUCHO PESO.
LOS CONSTRUCTORES DEL PUENTE GEORGE
WASHINGTON, QUE CONECTA NUEVA YORK Y
NUEVA JERSEY, FUERON
DE LOS PRIMEROS
QUE APLICARON LA
IDEA DE ALEC EN SU
CONSTRUCCIÓN.

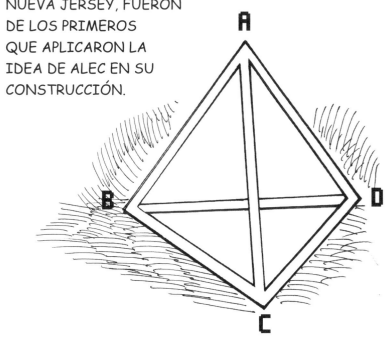

Alexander Graham Bell pasó toda su vida dedicado a la ciencia. En 1888, su suegro, Gardiner Greene Hubbard, lo ayudó a lanzar la revista *National Geographic*. La revista cubriría muchos temas, incluyendo naturaleza, geografía, culturas extranjeras, ciencia y tecnología. Después de la muerte del Sr. Hubbard en 1897, Alec asumió la presidencia de la Sociedad National Geographic, que publicaba la revista. Para ese entonces, la revista era pequeña, pero Alec estaba decidido a ayudarla a crecer. Encontró a un talentoso editor joven llamado Gilbert H. Grosvenor para que la dirigiera. Juntos, ayudaron a la Sociedad National Geographic a convertirse en una importante organización. La *National Geographic* todavía se sigue publicando hoy en día, ¡más de cien años después!

Grosvenor hizo más que ayudar a la *National Geographic* a crecer. Se casó con Elsie, la hija de

Alec, y con el tiempo su hijo Melville Bell Grosvenor asumió el control de la Sociedad National Geographic.

Alexander Graham Bell fue conocido en el mundo como un inventor. Sin embargo, siempre se vio a sí mismo como un maestro. Según escribió: "El reconocimiento por mi trabajo y mi interés por la educación de los sordos siempre me ha resultado más placentero que el reconocimiento por mi trabajo con el teléfono".

GILBERT H. GROSVENOR

Para Alec, nada era más importante que dar a alguien sordo la oportunidad de romper con su soledad y comunicarse con otras personas. En 1887, aceptó conocer a una niña sorda y ciega llamada Helen Keller. Helen siempre se había comportado como un animalito salvaje. Le daban

berrinches todo el tiempo. Pero cuando conoció a Alec, se le subió con calma al regazo y jugó con su reloj de bolsillo. Bell sabía que a pesar de que la niña no podía hablar, oír ni ver, sí podía sentir las vibraciones del tictac de su reloj. A través de Alec, un tiempo después, los Keller consiguieron una maestra que pudo abrir un mundo de posibilidades para Helen. A partir de entonces, Alec y Helen se hicieron amigos para toda la vida. Alec se sentía muy orgulloso de los logros de Helen. Helen logró entrar a la universidad y llegó a ser una oradora, activista política y autora de fama mundial.

Alexander Graham Bell fue inventor, maestro, esposo, padre y amigo. Les diría a sus alumnos, al igual que a sus propios hijos: "No se queden por donde todos transitan, yendo apenas por donde otros han ido, uno detrás del otro como un rebaño de ovejas". Alec pensaba que era importante confiar en nuestra propia curiosidad y aspiraciones, y ver adónde nos podían llevar. "Ocasionalmente, dejen el camino transitado e intérnense en los bosques.

Cada vez que lo hagan, tendrán la certeza de que encontrarán algo que no han visto nunca antes".

Alexander Graham Bell vivió creyendo en lo que decían esas palabras. Después que inventó el teléfono, era rico. No necesitaba trabajar por dinero. Pero continuó trabajando debido a su curiosidad. "*Sigue luchando*" eran las palabras que colgaban de un cartel en su laboratorio.

SIGUE LUCHANDO

Alec vivía a la par de este lema. Pero con la edad, se volvía más lento. Incluso había aumentado más de peso. Estaba sufriendo de una enfermedad llamada diabetes.

El 2 de agosto de 1922 murió este gran inventor. Tenía setenta y siete años. Mabel estuvo a su lado. El día en que fue enterrado, se detuvo todo el servicio telefónico de Estados Unidos durante un minuto. ¡Qué manera tan adecuada para honrar al hombre que no solamente inventó el teléfono, sino que dedicó su vida a ayudar a la gente a comunicarse!

LÍNEA CRONOLÓGICA DE LA VIDA DE ALEXANDER GRAHAM BELL

1847 — Nació en Edimburgo, Escocia, el 3 de marzo.

1857 — Elige su segundo nombre: Graham.

1862 — Se muda a Londres a vivir con su abuelo.

1863 — Enseña en la Academia Weston House.

1864 — Su padre inventa el Habla visible.

1865 — Muere su abuelo Bell, el 23 de abril.

1867 — Su hermano Ted muere de tuberculosis.

1870 — Su hermano mayor, Melly, también muere de tuberculosis.

1871 — Enseña en la Escuela para sordos de Boston.

1873 — Comienza a enseñar en la Universidad de Boston.

1876 — Le otorgaron la patente del teléfono, el 14 de febrero.

1877 — Forma la compañía de teléfonos Bell, el 9 de julio. Se casa con Mabel Hubbard, el 11 de julio.

1878 — Nace su primera hija, Elsie May.

1880 — Deja la compañía de teléfonos Bell. Nace su segunda hija, Marian.

1881 — Trata de hallar la bala que hirió fatalmente al presidente James Garfield.

1887 — Conoce a Hellen Keller, quien fue su amiga toda su vida.

1922 — Muere el 2 de agosto.

LÍNEA CRONOLÓGICA DEL MUNDO

John Shore inventa el diapasón. — **1711**

El Congreso de EE. UU. establece la Biblioteca del Congreso. — **1800**

El presidente Thomas Jefferson extiende el territorio — **1803**
de Estados Unidos con la compra de Luisiana.

Robert Fulton inventa el primer barco de vapor. — **1809**

Finaliza la guerra de 1812. — **1814**

Noah Webster publica *An American Dictionary of the* — **1828**
English Language.

El 24 de mayo, Samuel F. B. Morse envía el primer mensaje — **1844**
transmitido eléctricamente a través del telégrafo.

Nace Thomas Alva Edison el 11 de febrero. — **1847**

Leon de Martinville inventa el fonoautógrafo. — **1857**

Abre el primer tren subterráneo en Londres. — **1863**
Abraham Lincoln pronuncia su discurso de Gettysburg.

Estados Unidos cumple 100 años. — **1876**

Thomas A. Edison crea la primera bombilla práctica. — **1879**

El presidente James Garfield es herido de bala — **1881**
el 2 de julio y muere más tarde.

Se completa la construcción del puente de Brooklyn, que — **1883**
conecta la isla de Manhattan con Brooklyn.

Se publica por primera vez el *Wall Street Journal.* — **1889**

Henri Ford maneja su primer automóvil alrededor de Detroit. — **1896**

Los hermanos Wright realizan el primer vuelo en avión de — **1903**
motor en Kitty Hawk, NC.

El trasatlántico *Titanic* choca contra un iceberg — **1912**
el 15 de abril y se hunde.

Colección ¿Qué fue...? / ¿Qué es...?

El Álamo

La batalla de Gettysburg

El Día D

La Estatua de la Libertad

La expedición de Lewis
y Clark

La Fiebre del Oro

La Gran Depresión

La isla Ellis

La Marcha de Washington

El Motín del Té

Pearl Harbor

Pompeya

El Primer Día de Acción
de Gracias

El Tren Clandestino

Colección ¿Quién fue...? / ¿Quién es...?

Albert Einstein

Alexander Graham Bell

Amelia Earhart

Ana Frank

Benjamín Franklin

Betsy Ross

Fernando de Magallanes

Franklin Roosevelt

Harriet Beecher Stowe

Harriet Tubman

Harry Houdini

Los hermanos Wright

Louis Armstrong

La Madre Teresa

Malala Yousafzai

María Antonieta

Marie Curie

Mark Twain

Nelson Mandela

Paul Revere

El rey Tut

Robert E. Lee

Roberto Clemente

Rosa Parks

Tomás Jefferson

Woodrow Wilson